AF299210

PEINTURE SUR VERRE.

NOTICE

SUR LES

TRAVAUX DE M. VINCENT-LARCHER,

PEINTRE SUR VERRE;

et

RAPPORT

SUR LES

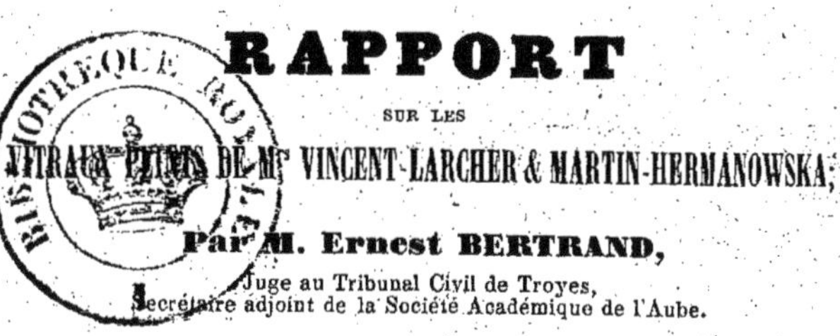

VITRAUX PEINTS DE MM. VINCENT-LARCHER & MARTIN-HERMANOWSKA;

Par M. Ernest BERTRAND,

Juge au Tribunal Civil de Troyes,
Secrétaire adjoint de la Société Académique de l'Aube.

(Extrait des Nos 91-92 et 93 des Mémoires de la Société d'Agriculture, Sciences,
Arts et Belles-Lettres du département de l'Aube.)

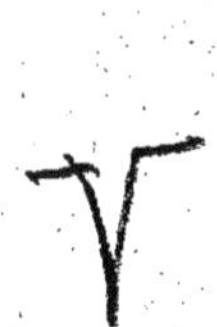

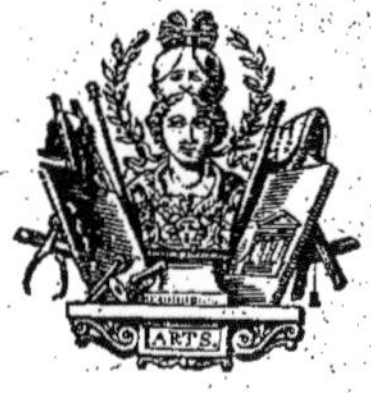

TROYES.

BOUQUOT, IMPRIMEUR-LIBRAIRE, RUE NOTRE-DAME, 86.

1845.

NOTICE

SUR LES TRAVAUX

DE

M. VINCENT-LARCHER, Peintre sur Verre,

Lue à la séance du mois de Juillet 1844.

Au mois d'octobre dernier, un jeune peintre-décorateur, M. Vincent, se présentait chez M. le curé de la paroisse de Saint-Urbain, de Troyes, pour le prier de lui confier une partie des travaux de réparation à faire aux vitraux de son église. Ces travaux étaient bien simples, bien modestes, il s'agissait de remettre des plombs. Pour faire droit à cette demande, il eût fallu déposséder un ouvrier contre lequel on n'avait aucun motif de plainte. Aussi, quoique le solliciteur fût son paroissien, M. le curé ne put lui répondre que par un refus qu'il enveloppa de formes polies. Son dernier mot, en l'éconduisant, fut celui-ci : « Ah ! si vous étiez *peintre sur verre*, » ce serait bien différent ! » De ce mot, jeté au hasard, il est sorti une découverte précieuse, le secret si long-temps cherché de l'ancien procédé de la peinture sur verre.

« Etre peintre sur verre, se disait avec ironie, en » se retirant, le jeune peintre désappointé ; être pein-» tre sur verre, on ne me demande que cela pour » obtenir de remettre des plombs à des vitraux ! — » Oh ! si j'étais peintre sur verre, ce n'est pas là ce

»que je solliciterais. » Par un hasard singulier, M. le curé de Saint-Urbain avait précisément heurté une idée que nourrissait depuis longues années M. Vincent; une idée qu'il avait long-temps poursuivie en vain, à laquelle il avait en vain sacrifié bien des veilles, bien des économies. Il ne l'avait abandonnée que lorsque le temps lui avait manqué, lorsque ses ressources ne lui avaient plus permis de pousser plus loin les sacrifices.

En 1836, un entrepreneur chargé de la restauration d'une partie du vitrail de la chapelle de saint Eutrope, dans l'église cathédrale de Sens, lui avait confié le soin de remplacer des pièces brisées avec des verres peints à l'huile. Bien jeune encore, mais possédant déjà à un haut degré le sentiment de l'art, il avait rougi en plaçant ces grossières et ternes imitations à côté des fragments brillants de l'ancien vitrail. Puis il s'était senti saisi du désir de deviner le secret des peintres du moyen âge, qui avaient enfanté ces merveilles que l'art moderne ne pouvait même pas réparer. Entretenu par la nature de ses travaux, qui le retenaient pendant des journées entières en contemplation devant les magnifiques verrières de Jean Cousin, ce désir devint bientôt une préoccupation unique, incessante, impérieuse. Simple compagnon apprenti, dépourvu de fortune, ne possédant aucune des notions nécessaires, pour résoudre un problème dans la solution duquel ont échoué tant d'hommes auxquels il ne manquait aucune des conditions du succès, M. Vincent avait d'immenses difficultés à vaincre. Il ne se les était pas dissimulées, et cependant, avec cette ténacité d'idées et cette persévérance qui distingue tous les esprits qui font faire un pas à la science ou aux arts, il se mit à l'œuvre.

Il lui fallait des notions de chimie, il étudia la chimie dans les instants de loisir que lui laissait le travail qui le faisait vivre. Il ne pouvait suivre les cours publics, il n'avait pas de livres : quelques bouquins achetés sur les quais, à Paris, des dictionnaires de chimie, ce qu'il y a de plus incomplet, voilà les seules ressources avec lesquelles il dut s'initier aux secrets de la science.

Dès qu'il avait quelqu'argent, il le dépensait en essais. Ces essais étaient toujours infructueux, et cependant il avait hâte de faire de nouvelles économies pour les jeter dans des essais nouveaux. En comparant avec les anciens vitraux coloriés les produits informes qu'il obtenait, et en se voyant si loin du but qu'il voulait atteindre, parfois il se sentait pris de découragement ; mais bientôt il revenait à son œuvre avec une ardeur plus vive. Souvent un ordre de son maître venait interrompre ses recherches en l'envoyant au loin ; plus souvent encore il était obligé de renoncer à des expériences qu'il avait inventées, et qu'il pensait devoir le conduire au résultat qu'il ambitionnait si vivement, parce qu'il fallait faire des dépenses au-dessus de ses moyens. Qui pourrait dire combien alors, pour ce jeune ouvrier, il y eut de nuits d'insomnie, combien d'amers désappointements, combien de regrets que le langage ne peut exprimer ! On s'étonne qu'il ait pu résister pendant de longues années à de pareilles épreuves.

Après plus de sept ans, cependant, M. Vincent, nous l'avons dit, s'était lassé. Il avait désespéré du succès, ou plutôt, appelant la raison à son aide, il avait cherché à détourner ses pensées de ce but, qui lui avait tant de fois échappé au moment où il croyait le toucher. Il craignait de lui sacrifier tout son avenir. — Il était à peine parvenu à donner une autre direction à son esprit inventif, lorsque le mot de M. le curé de Saint-Urbain, que nous avons rappelé, vint ranimer un feu mal éteint. A partir de ce jour, les verrières étincelantes, la gloire du succès, la fortune peut-être derrière la gloire, revinrent dans les rêves du jeune peintre. Cette idée fixe, cette idée décevante qui avait occupé exclusivement sept années de sa vie, rentra maîtresse souveraine. Elle exigeait de nouvelles tentatives, de nouveaux sacrifices ; après bien des hésitations, M. Vincent se décida à les faire. Il n'osait espérer le succès ; mais pour se justifier à ses propres yeux, il se disait que, quelque fût le résultat, ces sacrifices seraient les derniers. — Cette fois, enfin, tant de persévérance devait être couronnée par le succès.

Dès le mois de novembre suivant, M. Vincent avait découvert une série de procédés, à l'aide desquels il pouvait produire sur le verre les nuances les plus brillantes (1). Lui aussi, il pouvait enfin peindre des verrières ; mais il n'était pas encore satisfait. Ce n'était pas assez de posséder l'éclat des couleurs ; ce n'était pas assez de savoir les incorpo-

---

(1) Les procédés de la peinture sur verre sont depuis long-temps connus et mis en pratique. C'est là un fait qui ne peut être contesté, surtout en présence des verrières de M. Thevenot, de M. Maréchal et de la manufacture royale de Sèvres. Mais ce qui est remarquable, c'est — sous le rapport du fait, que M. Vincent ne connaissait pas ces procédés, et que pour lui tout était à inventer — sous le rapport de l'art, que non-seulement il a obtenu de la peinture sur verre, mais qu'il a reproduit exactement tous les effets que l'on admire dans les vitraux des anciens peintres-verriers, y compris ceux du XIIIe siècle ; ce que n'avait point encore atteint complètement l'art moderne.

rer au verre de manière à ce que leur durée pût dé-
fier les siècles : il lui manquait encore, pour égaler
les anciens maîtres, pour rivaliser avec eux, pour
oser toucher à leurs œuvres, et les restaurer de
manière à ce que l'on ne pût pas distinguer la
main de l'ouvrier, il lui manquait encore le
procédé qui enlève au verre sa transparence
sans ôter le passage à la lumière. C'est ce procédé qui donne aux anciennes verrières cette richesse, ce velouté de ton qui en fait la plus grande
beauté, et produit ce demi-jour mystérieux qui s'al-
lie si bien avec le caractère religieux de l'architecture gothique. Il a fait jusqu'à ce jour le désespoir
des peintres sur verre modernes. Plusieurs artistes
ont retrouvé le secret de la peinture sur verre; mais,
malgré tous leurs efforts, leurs verrières restent transparentes. Pour adoucir la vivacité de la lumière qui
les traverse, pour empêcher les regards distraits de
recevoir à travers les peintures l'image des objets
extérieurs, on est obligé d'avoir recours à des
moyens artificiels imparfaits et indignes de l'art ancien, tels que l'application extérieure d'un corps résineux ou d'un ignoble badigeon à l'huile qui ne
résiste pas à l'intempérie des saisons, et nuit à l'effet des couleurs. Plus habile, ou, si l'on veut, plus
heureux que le plus grand nombre de ceux qui ont
poursuivi le même but, M. Vincent est enfin parvenu à trouver ce procédé. Au mois de décembre,
sa découverte était complète, aussi complète que
l'art pouvait le souhaiter.

Ainsi, quant aux couleurs, sa palette est assez ri-
che pour pouvoir exécuter, tel qu'il aurait été conçu
par l'auteur, tout carton qui lui serait donné avec
l'indication des teintes. Il n'y a pas une seule des
nuances et des tons employés par les anciens maî-

tres, Jean Cousin, Barthélemy, les frères Gontier, les Le Vieil et tous ceux que l'on peut nommer, qu'il ne puisse reproduire si exactement, qu'il met au défi de distinguer de l'ensemble la pièce qu'il aurait remplacée.

Quant au procédé pour enlever au verre sa trop grande transparence, la couverte qu'il a inventée peut s'appliquer à l'intérieur ou à l'extérieur du vitrail, avant ou après la peinture ; elle peut même se mêler avec les couleurs, et s'employer simultanément avec elles. Il lui donne la nuance de la couleur qui se trouve ou doit se trouver sur la partie du verre où elle doit être posée. Elle s'incorpore au verre par la cuisson, et elle devient indélébile. Loin de nuire à l'effet de la peinture, elle avive les couleurs, augmente leur éclat, et leur donne plus de moelleux. Cette substance se prête si complètement à toutes les exigences, que M. Vincent pourrait l'appliquer, sans nuire ni au fini de la peinture, ni à la solidité du verre, à un vitrail quel qu'il fût, dont l'on voudrait corriger la transparence vicieuse. — Il peut même à volonté faire varier le degré de transparence ou d'opacité.

La perfection des procédés permet de remettre au feu plusieurs fois la même pièce, si cela est nécessaire, soit pour renforcer un ton trop faible, soit pour toute autre cause, sans jamais altérer le verre ; et quelle que soit l'épaisseur de la couche formée par les couleurs et par la couverte, après la cuisson, l'adhérence au verre, la vitrification est toujours complète.

M. le curé de Saint-Urbain a tenu parole à M. Vincent. Il lui a donné à exécuter le vitrail de la chapelle des fonds baptismaux de son église. Ce vitrail vient d'être posé, et il a attiré à juste titre l'attention publique. La mosaïque et les deux sujets, le Baptême de saint Jean et la Tentation dans le désert, ont été copiés sur les vitraux de la cathédrale de Troyes et sur des fragments des vitraux de Saint-Urbain même. Ce qu'il y a à rechercher dans cette composition est donc principalement le mérite de la couleur. Elle ne le cède en rien en éclat, en richesse, en velouté de tons, à ce que nous avons de plus remarquable dans cette ville, où nous avons tant de vitraux remarquables. Ce travail suffirait pour justifier ce que nous avons dit de la découverte de M. Vincent.

Il est difficile d'imaginer tous les obstacles que présentait l'art que M. Vincent a réinventé tout d'une pièce, et ceux qu'il a eus à vaincre pour atteindre le degré de perfection auquel il est parvenu.

Dans la composition des couleurs qui doivent servir à la peinture sur verre, il ne peut entrer que des substances minérales fusibles et vitrifiables. La nuance du mélange des substances que l'on emploie n'indique pas toujours la couleur et le ton que produira la cuisson. L'effet n'est obtenu qu'après la vitrification par un feu ardent, poussé jusqu'à mettre le verre lui-même en fusion. Ce simple énoncé peut vous faire apprécier combien il a fallu de tâtonnements, d'essais, d'expériences, pour avoir toutes les couleurs sur sa palette. Plus d'une fois, M. Vincent a été au moment de s'arrêter devant des difficultés qu'il regardait comme insolubles. Son intelligence, un travail assidu, sa persévérance, le hasard aussi, l'ont servi tour à tour pour les surmonter.

Il raconte, entre autres faits, qu'après bien des efforts, bien des tentatives inutiles, il en était venu à désespérer de rendre fusible et vitrifiable un certain alliage dans lequel il entrait du cuivre. De quelque manière qu'il s'y prît, quelles que fussent les combinaisons de terres et de minéraux qu'il essayât, malgré les précautions les plus minutieuses, à la fin de chaque expérience, il trouvait toujours le cuivre calciné au fond du creuset. Il ne savait plus à quel expédient avoir recours, et le courage commençait à lui manquer, lorsque la Providence vint à son aide. Il travaillait habituellement la nuit. Un soir, il tentait une dernière expérience. Au moment d'en constater le résultat, à certains signes il lui sembla reconnaître qu'il avait encore une fois échoué. Il en ressentit un chagrin si vif, un désappointement si amer, qu'il n'eut pas le courage de retirer le creuset du fourneau, et s'enfuit en l'abandonnant au milieu d'un brasier ardent. Le lendemain, au fond de ce creuset se trouvait un résidu homogène, complètement vitrifié : la difficulté était vaincue. S'il n'avait pas réussi la veille, c'est qu'il s'était arrêté à un degré de chaleur qui n'était pas assez élevé. Voilà à quoi peut tenir le succès d'une invention.

Mais ce n'était rien là encore. — Il ne suffisait pas d'avoir trouvé des couleurs minérales fusibles et vitrifiables. Sur les diverses pièces de verre qui composent une verrière, souvent sur une même pièce de verre, on emploie à la fois des couleurs différentes. Pour pouvoir les soumettre ensemble à la cuisson, il fallait que tous les alliages fussent combinés de telle sorte, qu'ils n'entrassent en fusion qu'au même degré de chaleur. Cette combinaison, M. Vincent l'a trouvée.

Trop ou trop peu de chaleur peut faire manquer le résultat que l'on veut obtenir. Lorsqu'il s'agit d'apprécier une chaleur de quinze à seize cents degrés, tous les moyens ordinaires d'appréciation font défaut. M. Vincent a inventé des pyromètres qui lui permettent de s'arrêter au degré précis qu'il a voulu atteindre. — Les creusets que lui fournissait le commerce entraient en fusion avec le verre ; il en a fabriqué lui-même de plus réfractaires. — Ses fourneaux ne donnaient qu'une chaleur insuffisante et mal distribuée ; la masse de vitraux qui leur était confiée n'était pas également atteinte par la cuisson. Il a cherché de nouvelles formes de fourneaux. Huit fois il a échoué ; enfin à la neuvième il a obtenu un succès complet.

C'est là un rare et bel exemple des merveilles que l'homme peut produire par une persévérance intelligente. L'imagination s'étonne lorsqu'elle mesure pas à pas l'espace que M. Vincent a eu à parcourir pour arriver au but, et qu'elle voit avec quelles faibles ressources il a résolu des problèmes devant lesquels, jusqu'à ce jour, la science avait en partie échoué.

Il m'a semblé, Messieurs, que votre attention devait être appelée sur les travaux de M. Vincent. Vous avez une mission élevée à laquelle vous n'avez jamais manqué, c'est de rechercher, d'encourager toutes les capacités, tous les mérites qui se produisent autour de vous ; c'est de les mettre en évidence autant qu'il dépend de vous. Jamais vos encouragements et votre approbation n'auront été accordés à un artiste qui en soit plus digne. Il n'y aurait rien de nouveau dans la découverte de M. Vincent, qu'elle serait un fait remarquable, et qui mériterait d'être applaudi par tous les hommes éclairés ; mais M. Vincent a véritablement rendu un service important à l'art de la peinture sur verre, il a restitué à la science un secret perdu. Chaque jour emportait quelque fragment des belles verrières dont s'enorgueillissent nos cathédrales, je pourrais dire toutes nos églises, si je ne voulais parler que de cette ville. Déjà on fixait le terme probable de leur durée. Grâce à l'invention de M. Vincent, la conservation, la restauration parfaite de ces peintures, qui font l'admiration des connaisseurs, est aujourd'hui assurée. Grâce à lui, de nouvelles verrières, qui ne le céderont en rien aux anciennes, pourront compléter l'ensemble des vitraux de nos monuments, que l'art du moyen âge a laissé inachevés.

Le prix élevé auquel les peintres sur verre modernes avaient tarifé leurs vitraux coloriés, en avait fait un luxe auquel ne pouvaient atteindre que les cathédrales subventionnées par l'état. Sous ce rapport aussi, M. Vincent prépare une révolution complète. Il fixe à 130 fr. par mètre carré le prix moyen auquel il peut livrer ses verres peints. A ce prix, il n'y a pas une fabrique qui ne puisse progressivement remplacer, par de belles verrières, les vitraux blancs qui déparent les églises gothiques.

Nous avons la satisfaction de pouvoir vous annoncer que déjà des réparations ont été confiées à M. Vincent, que déjà des commandes lui ont été faites. Nous ne doutons pas qu'à mesure qu'il sera mieux connu, elles deviendront plus importantes, et qu'avant peu d'années il aura acquis une réputation méritée.

J'avais désiré, Messieurs, pouvoir mettre sous vos yeux quelques échantillons des vitraux de M. Vincent. Il devait aujourd'hui me confier un panneau représentant l'Adoration des Mages, qu'il a copié exactement sur le vitrail de la chapelle de la Communion de la cathédrale Saint-Pierre. Malheureusement, malgré tous ses efforts, cette pièce n'a pu être terminée à temps. Mais elle vous sera soumise dans la séance du mois d'août : vous pourrez alors apprécier par vous-mêmes le mérite des procédés de M. Vincent, et l'exactitude avec laquelle il peut reproduire l'effet des anciens vitraux.

Le panneau de l'Adoration des Mages a été exécuté par M. Vincent, pour être envoyé à M. Didron, secrétaire du comité des arts et monuments historiques. Pour rendre évidente la perfection de sa méthode et l'habileté avec laquelle il exécute, M. Vincent n'a pas craint d'affronter la comparaison avec les anciens maîtres (1).

RAPPORT
SUR LES VITRAUX PEINTS
DE

MM. VINCENT-LARCHER et MARTIN-HERMANOWSKA,

Lu à la séance du 17 Janvier 1845.

Long-temps négligée et oubliée, la peinture sur verre, dont on s'était habitué depuis près d'un siècle à regarder le secret comme perdu, tend, de nos jours, à recouvrer son ancienne splendeur. Une large carrière lui est ouverte. L'architecture moderne lui demande des verrières pour les édifices religieux qu'elle élève ou qu'elle restaure ; elle a pris sa place parmi les objets de luxe et d'art ; chaque jour, elle bannit de l'intérieur des appartements qu'elle décore, le store sur percale, son imitation

---

(1) Après la lecture de cette notice, la Société a nommé une commission composée de MM. Bertrand, juge au tribunal civil; Arnaud, inspecteur des monuments historiques; Delaporte, membre du conseil général de l'Aube; Bouché, architecte du département; Bardin, pharmacien. C'est au nom de cette commission que le rapport qui suit a été fait par M. Bertrand.

grossière ; elle a surtout à accomplir d'immenses travaux pour conserver, restaurer et compléter les anciens vitraux, si précieux sous le rapport de l'art, de l'archéologie et de l'histoire.

Les effets de la peinture sur verre dépendent du mode de transmission de la lumière à travers des verres et des émaux colorés ; elle a à vaincre, pour arriver à sa perfection matérielle, des difficultés d'une nature spéciale.

Si l'on considère ces difficultés du point de vue général de l'art, elles se réduisent à chercher une gamme de couleurs composées de substances vitrifiables, dont on puisse faire varier à son gré l'éclat, l'intensité et la transparence ; mais ce problème, déjà peu facile à résoudre complètement, se complique encore, si l'on veut s'élever jusqu'à la restauration des vitraux anciens. Lorsque l'on demande un vitrail à un peintre, pourvu qu'il obtienne des effets harmonieux, que son sujet soit bien choisi et bien traité, que ses émaux puissent résister à l'action du temps, il a fait tout ce que l'on peut raisonnablement exiger de lui. Avec du talent et du goût, il atteindra facilement ce but, même avec des procédés incomplets. Maître du choix et du ton des couleurs, de l'agencement des lignes, du degré de translucidité ou de transparence, il peut éviter ou éluder les obstacles contre lesquels il sait qu'il viendrait échouer. Mais il n'en est plus ainsi lorsqu'il s'agit de restaurer les vitraux anciens : le caractère de la peinture, le degré précis de translucidité ou de transparence, tout alors, jusqu'au ton de chaque fragment de verre coloré, est déterminé à l'avance. Il faut aborder de front toutes les difficultés ; la plus légère inexactitude trahit, par des bigarrures choquantes, l'inexpérience du peintre ou l'insuffisance des procédés qu'il emploie. — Pour chaque verrière, il faut, le plus souvent, faire usage de procédés différents. Ils varient suivant l'époque à laquelle cette verrière appartient, suivant les maîtres à qui elle est due. Les peintres sur verre des XIIe et XIIIe siècles n'avaient pas les mêmes moyens d'exécution que les peintres sur verre des XVIe et XVIIe siècles; à chaque époque même, chaque maître avait un mode d'exécution à part, dont il faisait un secret. « Les » habiles peintres sur verre, dit Pierre Le Vieil (1), » ne donnèrent à leurs élèves que d'un certain genre » de couleurs, et se réservèrent les plus belles et les » plus précieuses; encore les leur donnaient-ils » souvent toutes prêtes à être mises en œuvre. A l'é- » gard du secret, ils le laissaient à leurs enfants ou » héritiers, en qui ils connaissaient les qualités re- » quises pour le faire valoir; sinon, il restait ense- » veli avec ces hommes rares, et se perdait pour » leur propre famille. » Lorsqu'il s'agit de restaurer les œuvres de ces peintres, on comprendra combien il faut de sagacité, de patience, d'attention, et d'é- tude approfondie et sérieuse des procédés anciens, si l'on n'oublie pas combien une même nuance peut être modifiée par la composition des *flux* ou des *émaux*, par l'emploi de substances colorantes diffé- rentes, ou simplement par le degré de cuisson.

Restauré d'hier, l'art moderne de la peinture sur verre n'est encore pratiqué que par un petit nombre de peintres-verriers; mais ces peintres sont des ar- tistes distingués. Dès le début, ils ont laissé bien

---

(1) Traité historique et pratique de la peinture sur verre, par Pierre Le Vieil, peintre sur verre, imprimé par les soins et aux frais de l'Académie Royale des Sciences, en 1772, page 55.

loin derrière eux l'art ancien, sous le rapport du
dessin, de la composition, de l'entente de la pers-
pective, de l'expression et du mouvement des personnages. Enrichis par la chimie moderne d'une
gamme de couleurs presque aussi complète que
celle du peintre à l'huile, ils peuvent rivaliser avec
lui dans de certaines limites, comme le peintre sur
porcelaine (1). Les grands vitraux dans le style
ancien, exécutés à la manufacture royale de Sèvres,
sur les beaux cartons de MM. Ingres et Delacroix;
les vitraux de M. Maréchal, de Metz; ceux de
M. Thévenot, sont des œuvres éminentes à divers
titres. Ils placent dès maintenant la peinture sur
verre au niveau des arts dont pourra, à juste droit,
s'enorgueillir notre siècle. — Disons-le, toutefois, il
y a un point sur lequel jusqu'à présent l'art moderne
est resté incomplet, et n'a pu supporter la comparaison avec l'art ancien. Il n'a pas su régler le degré
de transparence et de translucidité qu'il convenait
de donner à ses verrières. Voici comment s'exprime
à cet égard M. de Lasteyrie, dans un ouvrage remarquable qui n'est pas encore entièrement publié (2) :

« Au lieu des teintes harmonieuses qui nous arri-

------

(1) J'invite les personnes à qui cette assertion pourrait
paraître exagérée, à aller à la manufacture royale de Sèvres.
Elles y verront des peintures sur verre qui la justifient
complètement. Je leur indiquerai notamment un petit
tableau placé à l'une des fenêtres du magasin, coté 2,500
francs, et deux copies du tableau représentant Bernard
Palissy, jetant ses meubles et ses boiseries dans son fourneau. Ces copies sont dans le curieux Musée Céramique,
réuni par les soins de l'habile directeur M. Brogniart.

(2) Histoire de la peinture sur verre, par M. Jules de
Lasteyrie, page 33.

» vent tempérées par la puissante coloration des
» anciens verres, ici l'œil est fatigué par la criarde
» bigarrure des verres modernes, dont la transpa-
» rence absurde n'a d'autre effet que de distraire
» l'attention. On ne saurait trop signaler à ceux qui
» s'occupent aujourd'hui de faire des vitraux, les
» inconvénients majeurs de cette transparence, aussi
» désagréable à l'œil qu'incompatible avec le senti-
» ment religieux... Quel recueillement pouvons-nous
» espérer, lorsqu'à travers un tableau sacré, l'œil dis-
» trait découvre les scènes d'une rue, les rixes d'un
» marché ou les jeux d'un collége? quel prestige
» conserve une verrière, lorsqu'à travers les vitraux
» colorés, le soleil projette ses rayons dans le tem-
» ple comme dans une chambre sans rideaux ? »

C'est surtout dans les restaurations que cette infériorité de l'art moderne devient choquante. Quelle
que soit l'habileté du peintre, il ne peut plus la
dissimuler aux yeux les plus inexpérimentés. Dans
les verrières du xiie, du xiiie et du commencement
du xive siècle, les verres sont translucides sans
transparence; exposés aux rayons du soleil, ils donnent une ombre obscure, le plus souvent complètement décolorée. Vers le xvie siècle et plus tard, les
verres deviennent plus transparents, ils laissent pénétrer plus de lumière directe; plus habituellement
leur ombre se colore partiellement au soleil. La
transparence toutefois est assez ménagée pour que
les tons conservent de la solidité et du velouté, et
que l'harmonie de l'ensemble ne soit pas détruite.
Lorsque l'on place des verres modernes au milieu
ou à côté des vitraux du xiiie ou du xvie siècle,
lors même que le peintre est parvenu à reproduire
le ton exact du verre coloré de l'époque, ses panneaux forment une tache lumineuse; le ton général

de la peinture paraît dur, criard, l'œil est offensé par la vivacité de la lumière qui lui arrive à flots.

La différence d'effet général résultant de la différence du degré de transparence des verres colorés aux trois époques, est facile à constater dans la cathédrale de Troyes. Les beaux vitraux du chœur sont du xiiie siècle, ceux de la nef sont du xvie, et la rosace qui perce à jour l'extrémité de la traverse de la croix au sud, est moderne. Si de dix heures du matin à midi, un jour où le soleil est ardent, on entre dans cette église, on est frappé du contraste que présentent la nef, la croix et le chœur.

La traverse de la croix est inondée dans toute sa longueur d'une lumière vive, éclatante, que rien ne modère ; les rayons du soleil se jouent sur les piliers, sur les dalles, qu'ils bigarrent joyeusement d'une extrémité de l'église à l'autre, de larges plaques de toutes les couleurs de l'arc-en-ciel. Il faudrait en ce moment l'œil de l'aigle pour supporter la vue de la rosace à travers laquelle le soleil apparaît dans toute sa splendeur.

Dans la nef, les feux du soleil sont presque éteints. Il n'éclaire plus directement. Si quelques verres rouges viennent encore se déteindre en tons de feu sur la voûte ou sur les piliers, c'est à peu de distance. Plus loin, les rayons colorés divergent, se confondent, et donnent à l'ensemble de la lumière qui éclaire la nef, une teinte douce qui n'est pas sans charme. Malheureusement, cette lumière a un inconvénient grave. Si en ce moment on regarde les vitraux qui reçoivent le soleil, ils brillent d'un vif éclat, les sujets se détachent nettement et en tons vigoureusement colorés ; mais si l'on regarde les vitraux qui leur font face au nord, ils n'apparaissent plus

que comme d'immenses panneaux demi-opaques,
d'un gris sale, sur lesquels se détache en arabesques
bizarres et grossières, le gris plus sombre des
plombs. La lumière étant plus vive à l'intérieur de
la nef qu'à l'extérieur, c'est à l'extérieur qu'est
transmise la lumière colorée des vitraux. Ils ne re-
prennent à l'intérieur leur éclat et leurs riches
couleurs que lorsque la nef est rentrée dans sa
mystérieuse obscurité.

Dans le chœur, l'ardeur la plus vive du soleil ne
peut troubler l'harmonie et l'ensemble de la belle
verrière qu'ont peinte les artistes du XIIIᵉ siècle.
Au moment où il illumine des tons les plus chauds,
les vitraux du midi, les vitraux du nord et ceux du
levant, continuent à briller de l'éclat le plus doux
et à la fois le plus vif. La lumineuse obscurité du
chœur reste à cet instant aussi sombre, aussi impo-
sante, aussi favorable au recueillement religieux et
à la prière, qu'aux autres heures de la journée. Le
demi-jour si calme qui y règne, mis en opposition
avec les accidents heurtés de lumière de la nef et
surtout de la croix, en fait plus vivement ressortir
la dissonance. On sent que lorsque l'architecte à qui
est dû cet admirable vaisseau, a laissé si largement
ouverts tous les intervalles qui séparent ses sveltes
et élégants piliers, il avait compté sur l'art du XIIIᵉ
siècle, pour mettre les verrières en harmonie avec
son œuvre. Ce n'est que dans le chœur que sa pensée
a été entièrement comprise et complétée.

Les peintres sur verre modernes, auxquels souvent déjà on a fait un reproche de la trop grande
transparence de leurs vitraux, et qui ne peuvent la
nier, ont essayé d'en repousser la responsabilité.
Quelques-uns ont répondu que le temps seul atténue-
rait la transparence de leurs vitraux, comme il l'a

2

fait pour les anciens. Voici à cet égard ce que répond M. de Lasteyrie (1) :

« C'est en effet un moyen assez commode, dit-il,
» d'échapper à la critique, que de renvoyer ses ar-
» rêts à quelques siècles. Mais comment peut-on
» croire que les artistes anciens, imbus comme ils
» le sont du sentiment religieux, aient commis
» l'immense faute qu'on leur attribue si gratuite-
» ment? Je veux bien que le temps, grâce à l'action
» de l'air atmosphérique, corrode les vitraux et en
» obscurcisse les nuances ; toutefois, la seule ins-
» pection d'une verrière suffit pour démontrer que
» la puissance des tons tient à d'autres causes,
» qu'elle n'est pas l'ouvrage du temps, mais aussi
» l'œuvre de l'artiste. »

Nous n'ajouterons rien ici à cette réponse, mais plus loin nous la complèterons par une démonstration rigoureuse et mathématique.

D'autres peintres-verriers s'en prennent, comme au XVIᵉ et au XVIIᵉ siècle, au défaut de ton des verres colorés en table, qu'ils tirent des verreries. Il ne leur vient pas à la pensée que le peintre puisse directement donner aux verres qu'il emploie, les propriétés qui leur manquent pour produire un effet identique à celui des verres du XIIIᵉ siècle. Si on leur demande de remédier aux inconvénients trop choquants qui en résultent, ils indiquent les moyens de salir le verre, l'application de corps résineux, le blanc de plomb délayé dans l'huile, la boue même. Les plus avancés vont jusqu'à une couverte uniforme, étendue sur toute la surface extérieure du vitrail, et qui, modifiant de la même manière toutes les nuances, ne changerait rien, disent-ils, à l'effet

____

(1) Page 34.

de l'ensemble. Il est facile de prouver qu'aucune de ces indications ne résout le problème. Il y a un point important qu'il ne faut pas perdre de vue : il ne s'agit pas seulement d'enlever au verre coloré sa transparence, il faut en même temps lui conserver une translucidité parfaite, et faire tourner au profit de l'éclat, de la puissance et de la beauté des tons, toute la lumière dont on veut empêcher la transmission directe.

Lorsque l'on salit le verre avec des substances opaques, telles que la boue, le blanc de céruse ou les corps résineux, on diminue il est vrai la transparence, mais on diminue aussi la translucidité. Au lieu de modifier la lumière en la colorant, on la supprime. On arrive ainsi à avoir des vitraux d'une teinte terne et obscure, qui ne peuvent supporter la comparaison avec les vitraux du xiiie siècle (1). « Dans le monde de ces vitraux, pour me servir du » langage de M. Théophile Gauthier, le vert est de » l'émeraude, le rouge du rubis, le jaune de la » topaze, le violet de l'améthyste, et la gamme de » toutes les couleurs est le spectre solaire élevé à la » quatrième puissance. » Ce n'est pas trop de toute la lumière du jour pour arriver à l'énergie d'un pareil effet.

Une couverte vitrifiée d'une teinte uniforme, ne supprime pas la lumière, et, sous ce rapport, elle

---

(1) Il suffit, pour se convaincre de ce fait, de voir les vitraux de la galerie basse du pourtour du chœur de la cathédrale de Troyes ; notamment ceux qui sont à gauche, vers le milieu. Pour atténuer l'effet criard de ces vitraux, qui ont été exécutés à Choisy, on les a enduits d'une couche épaisse de blanc de céruse. Ils font un peu moins d'effet que n'en feraient de mauvais stores sur toile.

devrait être préférée; mais elle nuit d'une autre manière à l'éclat et à la beauté des couleurs. Sans détruire pour l'œil l'harmonie de l'ensemble, elle altère chaque nuance, en y mêlant celle qui lui est propre, et elle lui donne un reflet pâle et douteux. Une couverte jaune sur un verre bleu donnerait du vert; les modifications qui résultent du blanc, du gris ou de la couleur ferrugineuse, quoique moins choquantes, n'en sont pas moins réelles. Ce n'est pas avec la couverte d'une teinte uniforme que l'on arrivera à rivaliser avec le xiiie siècle. La difficulté reste donc entière, et c'est à la résoudre que doit s'appliquer tout artiste qui voudra faire faire à l'art du verrier moderne, un pas de plus vers la perfection.

De ce rapide exposé des conditions de succès dans lesquelles est aujourd'hui l'art de la peinture sur verre, il résultera sans doute pour vous, Messieurs, comme il en est résulté pour votre commission, que, pour apprécier le mérite d'un peintre-verrier, les titres à examiner sont : la gamme de ses couleurs; son aptitude à restaurer les vitraux anciens; le procédé qu'il emploie pour modérer et régler, suivant toutes les exigences de l'art et des circonstances, la transparence de ses verres colorés; enfin son habileté pratique à mettre en œuvre toutes les ressources matérielles que l'art lui a révélées.

C'est donc sous ces différents points de vue que nous avons à vous présenter le résultat de nos investigations et de nos observations sur les travaux de MM. Vincent-Larcher et Martin-Hermanowska.

Vous n'avez pas sans doute oublié, Messieurs, les circonstances dans lesquelles M. Vincent-Larcher est devenu peintre sur verre. Vous savez que, partant de l'idée populaire que la peinture sur verre

était un secret perdu, il s'est mis à la recherche de
ses procédés, comme s'ils eussent été en réalité in-
connus, et que, sans aucun secours étranger, il les
a trouvés par la seule force d'une patiente et persé-
vérante intelligence. On vend dans le commerce des
émaux colorés, tout préparés pour la peinture sur
verre; M. Vincent-Larcher ne s'en sert pas. A l'excep-
tion du verre coloré en table, il fabrique lui-même
tout ce qui est nécessaire à la pratique de son art.
Tous ses flux, tous ses émaux, toutes ses couleurs
lui appartiennent en propre. La gamme qu'il présente, et qui est complète comme toutes les gammes
de l'art moderne, n'est pas celle du commerce, c'est
la sienne. Ce n'est pas là, comme on pourrait le pen-
ser au premier abord, une circonstance indifférente
à la perfection de l'art; du moins, telle était l'opinion d'un juge compétent, de Pierre Le Vieil, qui
invite les peintres sur verre à préparer eux-mêmes
leurs couleurs. Le motif qu'il en donne me paraît
sans réplique : « Si le succès, dit-il (1), n'est pas sans
» difficulté pour ceux-là même qui s'en occupent
» avec le plus d'attention, que sera-ce pour des ar-
» tistes qui, peu instruits des propriétés des émaux
» qu'ils emploient à tout risque, et ignorant et les
» principes qui ont dirigé ceux qui les ont préparés,
» et les différentes vues qu'ils s'y étaient proposées,
» travaillent aveuglément et sans aucune certitude
» de réussite. » Avec les matériaux qu'il a lui-même
créés dans un but déterminé, M. Vincent-Larcher ne
donne rien au hazard, et nous avons eu plus d'une
fois l'occasion de nous étonner de la sûreté avec laquelle il arrive à l'effet qu'il a cherché.

Nous vous avons dit ailleurs, Messieurs, que,

______

(1) Page 131.

lorsque M. Vincent-Larcher avait commencé ses études sur la peinture sur verre, c'était principalement
dans le but de parvenir à restaurer les vitraux anciens. C'était, ainsi que nous vous l'avons expliqué,
attaquer l'art par sa partie la plus difficile. Il nous
a paru avoir complètement réussi à surmonter les
difficultés sans nombre dont nous n'avons énuméré
que les plus saillantes. C'est ici surtout que la sûreté d'exécution qui résulte de la composition des
couleurs lui donne une véritable supériorité. Pliant
ses procédés et ses émaux à toutes les exigences, il
en vient à rassortir les nuances les plus difficiles
avec une exactitude qui défie l'œil le plus exercé.
Pour apprécier le mérite de M. Vincent sous ce rapport, nous avons eu, non pas seulement des essais
isolés, mais de véritables restaurations de vitraux
entiers.

Dans l'église de Saint-Pantaléon, de Troyes, il
existe de magnifiques vitraux du xvie siècle, dont la
renommée était telle, que l'on rapporte que le car-
dinal de Richelieu a offert 18,000 livres de celui qui
est dans le fond du sanctuaire (1). Dès le siècle dernier, ces vitraux exigeaient d'importantes restaurations. Je lis dans le traité de la peinture sur verre
de Pierre Le Vieil : « Des vitres inestimables pé-
» rissent faute d'en avoir conservé les cartons et
» d'avoir formé des artistes capables de les réparer.
» Telles sont les vitres magnifiques de Saint-Panta-
» léon, endommagées par de fréquents orages,
» auxquelles le talent des peintres sur verre qui
» subsistent encore à Troyes ne peut remédier, à
» cause de la disette des verres de couleur et de la

____

(1) Voyages littéraires de deux bénédictins de la congréga-
tion de Saint-Maur. Paris 1717, tome 1, page 93.

» perte des cartons. (1) » Ce que n'avaient pu faire
les peintres-verriers du xviiie siècle, M. Vincent-
Larcher l'a fait. On lui a confié à restaurer le vitrail
de l'autel de la Vierge qui est en face, au fond de l'é-
glise, à droite, quand on regarde le maître autel. Ce
vitrail représente des sujets tirés de l'Ancien Testa-
ment. Il est entièrement peint en grisaille rousse ou
grise, avec des jaunes pour les terrains, les buissons
et quelques accessoires. Cette restauration était con-
sidérable, il s'agissait de remplacer cent soixante-
douze pièces éparses sur toute la surface du vitrail.
Il n'y en avait pas une seule qu'il ne fallût mettre
en harmonie avec le ton d'un fragment voisin conservé. M. Vincent a abordé de front tous les obstacles, et le plus bel éloge que l'on puisse faire de son
travail, est qu'il a fallu qu'il vînt lui-même indiquer
avec une baguette, à la commission, les parties restaurées. Il n'y a rien qui puisse les faire reconnaître
à l'œil, même lorsqu'on est prévenu de la place
qu'elles occupent. Ce beau vitrail paraît être tout
entier dans l'état où il est sorti des mains du peintre-verrier en 1533 (2).

---

(1) Page 55. Ce que dit ici Pierre Le Vieil, fait comprendre
combien il serait à désirer que, dans toutes les églises où il
existe des vitraux qui méritent d'être conservés, on en fît
refaire les cartons. Il suffirait pour les anéantir d'un accident
qui, sans cette précaution, serait irréparable.

(2) Notre intention n'est pas d'indiquer ici où sont placées
chacune des cent soixante-douze pièces dont se compose la
restauration. Pour y parvenir, il faudrait décrire l'un après
l'autre tous les panneaux. Nous nous contenterons de signaler les deux premiers panneaux du bas du vitrail, surtout celui qui est à droite, et le panneau supérieur, qui
représente Dieu apparaissant à Moïse dans un buisson. Ces
trois panneaux sont ceux dans lesquels se trouvent le plus

Cette restauration est achevée depuis déjà près de six mois. Plus récemment, M. le marquis de Meyronnet a chargé M. Vincent-Larcher de restaurer les vitraux de l'église de Puelmontier, qui était autrefois une dépendance de l'abbaye de ce nom. Ces vitraux portent la date des années 1528 et 1535. Ils sont entièrement en verres colorés de toutes les nuances. Avant de commander à M. Vincent-Larcher un travail aussi important, M. de Meyronnet a voulu savoir s'il était capable de l'exécuter, et il lui a remis plusieurs panneaux à titre d'essai. Nous avons vu ces panneaux au moment de leur arrivée. Ils étaient dans un état déplorable. Non-seulement tous les

---

grand nombre des pièces rapportées. Pour les personnes qui désireraient une indication plus précise, je dirai que le Saint-Esprit qui domine le vitrail; la partie supérieure de la tente, en forme de dais, dans le panneau du bas, à droite, ainsi que la tour et les bâtiments du fond, dans le même panneau; le buisson, dans lequel Dieu apparaît à Moïse, sont composés de deux tiers environ de pièces anciennes, et d'un tiers de pièces restaurées. Si quelqu'un, comme cela est déjà arrivé, et ce n'est pas un mince éloge pour le peintre, venait à douter qu'il y eût réellement dans le vitrail cent soixante-douze pièces neuves, il pourrait facilement se convaincre de l'exactitude de ce fait, en examinant de près, par derrière, les verres peints. M. Vincent n'a pas employé le même procédé que le peintre du xvie siècle. Chacun des fragments qui lui appartiennent porte, en quelque sorte, son cachet. La peinture dont ils sont couverts résiste à l'acier, tandis qu'il suffit d'un léger frottement pour enlever la couleur des anciens verres. On ne peut reprocher à M. Vincent, dans cette restauration, qu'une pièce d'un centimètre carré environ, dont le jaune a été brûlé à la cuisson. Cette pièce est au milieu des moutons de Moïse. Il eût été facile à M. Vincent de la faire disparaître; peut-être a-t-il voulu montrer ce qu'eût pu être un pareil travail confié à des mains mal habiles. — Pour faire cette restauration, M. Vincent n'a reçu que *vingt francs!*

morceaux étaient disjoints par la vétusté des plombs, mais dans les ajustements et dans les décors d'intérieur il en manquait un grand nombre. Des têtes entières avaient été brisées ou perdues. D'une annonciation de la Vierge, il ne restait plus que la partie inférieure des personnages ; pour compléter ce panneau, il fallait faire à neuf un panneau entier.

M. Vincent-Larcher est sorti aussi heureusement de cette épreuve que de celle de St.-Pantaléon. Lorsque la restauration a été terminée et que les vitraux ont été remis en plombs, il était impossible de distinguer les pièces nouvelles des pièces anciennes. Toutes les nuances avaient été rassorties avec un art qui défie la critique. Le panneau neuf était dans une parfaite harmonie avec celui qu'il devait compléter. — Nous avons vivement regretté que ce beau travail, qui a été exécuté sous nos yeux, n'ait pu vous être présenté. Malheureusement il devait être remis en place à jour fixe. — M. de Meyronnet, amateur distingué, n'avait d'abord accepté qu'avec quelque défiance les promesses de M. Vincent. En présence du résultat obtenu, il n'a pas hésité à faire plus que de lui confier la restauration des vitraux de toute l'église, il lui a donné à peindre un vitrail entier, pour remplacer une verrière représentant la vie de Saint-Hubert, dont il ne reste plus qu'un seul panneau. Avant peu, ces travaux seront en voie d'exécution.

Jusqu'à présent, M. Vincent-Larcher n'a pas eu le bonheur d'avoir à restaurer des vitraux des XIIe et XIIIe siècle ; mais le panneau de l'Adoration des Mages, qu'il a soumis à votre commission et que vous avez sous les yeux, peut suffire pour vous donner la certitude que, si l'occasion s'en présentait, il ne serait pas moins assuré du succès. Ce panneau est la copie

exacte d'un panneau du commencement du XIII° siècle, qui fait partie du vitrail de la chapelle de l'évêque Hervée, située derrière le maître-autel de la
cathédrale de Troyes. Si l'on compare cette copie
à l'original, on reconnaîtra que l'imitation est si
complète, que si l'on plaçait dans le panneau original quelques-unes des pièces de la copie, on ne
s'apercevrait pas de la substitution. On ne peut noter
qu'une seule différence, c'est que dans la copie les
bleus du fond sont plus foncés. Au moment de
l'exécution, M. Vincent-Larcher nous avait prévenus
à l'avance qu'il en serait ainsi, parce qu'il n'avait
pas alors de verre bleu en table assez clair. Depuis,
il nous a donné un échantillon qui reproduit à s'y
méprendre le bleu ancien.

Le fait le plus remarquable dans les restaurations
de M. Vincent, et c'est à cette cause sans doute
qu'elles doivent la perfection de leur effet, est l'é-
tonnante exactitude avec laquelle il atteint le
degré précis de transparence ou de translucidité des
vitres à restaurer. Jamais les pièces rapportées ne
font tache lumineuse ou obscure. — M. Vincent
paraît avoir enfin heureusement surmonté la difficulté que nous avons signalée, de régler le degré de
transparence ou de translucidité des verres peints.
Sans entrer dans le détail des procédés qu'il emploie, nous vous en devons un aperçu sommaire.

En examinant les verres peints anciens, M. Vincent crut reconnaître qu'ils ne devaient pas les propriétés dont ils jouissent uniquement, comme on l'a
pensé jusqu'à présent, à un verre plus haut en couleur que les verres modernes, mais aussi à l'emploi
d'une *couverte* (1) placée, dans le plus grand nombre

---

(1) Une *couverte* dans le langage du peintre-verrier, est une

des cas qu'il a observés, à la partie extérieure. Ce fait reconnu, il restait à résoudre la difficulté la plus grave, celle de déterminer quelle était la nature particulière de cette couverte. A force d'études, d'essais et de patientes recherches, il est arrivé à conclure que cette couverte n'était pas uniforme; que sa composition variait suivant les circonstances et suivant l'effet que l'on voulait obtenir. C'est là une conclusion qui a toute la portée d'une invention nouvelle. Elle fait honneur à la sagacité de M. Vincent, et elle est féconde en conséquences. En partant de cette donnée, M. Vincent a imaginé un système de flux colorés, dont l'effet, combiné avec celui du verre coloré en table que lui fournit le commerce, lui permet d'arriver avec précision non-seulement au ton, mais au degré de transparence ou de translucidité de tout verre donné. Au moment où M. Vincent faisait ses recherches, il n'avait qu'un but, c'était d'obtenir une coloration égale à celle des verres anciens. Il s'est trouvé qu'à son insu, en atteignant ce but, il avait résolu le problême non moins difficile de réaliser la translucidité sans transparence, en augmentant l'éclat et la richesse des couleurs.

Pour vérifier ce résultat et l'apprécier à sa véritable valeur, nous avons soumis à diverses épreuves les deux panneaux que M. Vincent nous a confiés. L'un de ces panneaux est l'Adoration des Mages, dont nous avons précédemment parlé; l'autre est la copie d'un chanoine peint par Léonard Gontier, ou sur ses cartons, et d'une partie du Saint-Jean-Baptiste qui est placé au-dessus de lui, dans la

---

espèce de *flux* ou d'émail, plus ou moins transparent, destiné à couvrir toute la surface du verre.

verrière du Christ au pressoir de la cathédrale de Troyes (1). — En les exposant aux rayons d'un soleil assez vif, nous avons constaté qu'à la distance d'un mètre et demi (2) ils donnent une ombre complètement décolorée et aussi épaisse que celle d'un corps opaque. Un papier blanc, placé à quelques millimètres de distance, se colore vivement de toutes les nuances du tableau ; mais à mesure qu'on l'éloigne, cette coloration s'efface rapidement, et à un demi-mètre il ne reste plus qu'une seule tache rouge qui ne tarde pas à disparaître. On peut impunément, à travers ces vitraux, regarder le soleil, qui apparaît alors à peu près comme à travers un verre noirci à la fumée.

Une action aussi énergique sur la transmission de la lumière directe, pouvait nous faire craindre que cet effet ne fût obtenu qu'aux dépens de la coloration et de la translucidité. Nous avons fait placer les deux panneaux dans l'église Saint-Urbain, à près de dix à douze mètres de hauteur, au milieu des grisailles qui

---

(1) Cette verrière est dans une des chapelles des bas-côtés de la nef, à gauche. Le chanoine se nommait Jean Pinaud ; c'est lui qui a fait don de la verrière, conjointement avec le chevalier Pinaud, son frère. Le chevalier était autrefois représenté agenouillé dans le panneau en verre blanc, qui fait pendant à celui du chanoine. Cette partie de la verrière a été détruite. Heureusement elle peut être réparée et elle le sera sans doute. Le carton original de Léonard Gontier a été conservé. Il appartient à M. Arnaud, notre collègue, dont le goût éclairé l'a sauvé de la destruction.

(2) Cette distance, dans les conditions où les expériences ont été faites, est un *maximum*. Pour l'un des panneaux, elle n'allait pas à un mètre. — Un petit panneau du xiiie siècle, soumis aux mêmes épreuves, a donné des résultats identiques.

sont au couchant de la traverse de la croix. A l'abri
du soleil, éclairés sur le côté à l'intérieur par une
large verrière en verre blanc ordinaire, et à une hauteur plus que double de celle à laquelle étaient des-
tinés les vitraux dont ils sont la copie, ces panneaux
se trouvaient ainsi placés dans les conditions les plus
défavorables. Néanmoins, le résultat a dépassé les
prévisions les plus hardies. Loin de perdre à être
vus à distance, les verres de M. Vincent gagnent
d'une manière inattendue. Les couleurs acquièrent
un éclat, une solidité, un velouté qui rappelle les
plus beaux vitraux du xiiie siècle. Ils sont lumi-
neux sans être criards, et chaque nuance se détache
nettement sans blesser la vue. Ce résultat est remarquable surtout pour le panneau de l'Adoration des
Mages. Les personnages étant d'une très-petite di-
mension, les morceaux de verre coloré n'ont que
quelques centimètres de surface, et les plombs sont
très-rapprochés. Nous devions craindre ou qu'il ne
présentât l'apparence d'une mosaïque confuse, ou
qu'il n'eût pas assez de translucidité. Ces deux
écueils ont été évités avec un bonheur qui démontre
jusqu'à l'évidence l'excellence du procédé employé (1).

Avant de s'occuper de peinture sur verre,
M. Vincent avait fait quelques études comme peintre à l'huile. Il a la main habile; il copie surtout
avec une exactitude rare. Vous avez pu vous en

---

(1) Nous devons ajouter ici, pour ne rien omettre, que les
émaux de M. Vincent paraissent réunir toutes les conditions
de durée que l'on peut désirer; ils se parfondent bien à la
cuisson, et résistent aux acides et au grattoir d'acier. Il
nous semble inutile d'insister sur quelques circonstances de
leur fabrication qui ont pour but d'assurer ce résultat.

convaincre en comparant aux originaux les deux panneaux qui sont sous vos yeux. Il était impossible de mieux saisir le caractère des peintures qu'il voulait imiter. M. Vincent est laborieux, il comprend toutes les difficultés de son art ; il sait que la perfection et le succès ne s'obtiennent qu'au prix d'études persévérantes. Les progrès qu'il a faits depuis une année sont immenses. Il y a déjà loin du vitrail qu'il a peint à Saint-Urbain au commencement de l'année 1844, à ce qu'il peut produire aujourd'hui. Nous ne doutons pas que dans l'avenir il ne s'élève encore plus haut. Il y parviendra en continuant à étudier les anciens vitraux dont nos églises sont si riches, et en s'attachant à les copier.

En résumant son opinion sur M. Vincent-Larcher, votre commission a été d'avis, à *l'unanimité*, que dès maintenant il réunissait toutes les conditions de succès (1).

J'arrive actuellement, Messieurs, à M. Martin-Hermanowska. — Les travaux de M. Martin sont postérieurs à ceux de M. Vincent. Au mois d'août

---

(1) Voici quel est le jugement porté sur M. Vincent, par un juge dont la compétence ne sera pas contestée : « Un jeune » artiste de Troyes, a écrit M. Didron dans ses anuales ar- » chéologiques, M. Vincent-Larcher, exécute des vitraux qui » sont copies minutieuses et vraiment remarquables des » vitraux anciens. Ce jeune homme, après une longue suite » d'essais infructueux, est arrivé à un remarquable degré de » perfection. Il a obtenu de la translucidité sans transpa- » rence, une grande chaleur de tons et une solidité inalté- » rable dans les couleurs. Deux grands panneaux, que M. le » curé de Saint-Urbain, correspondant du comité des arts et » monuments, nous a envoyés, reproduisent *à s'y tromper* un » vitrail du XIIIᵉ siècle et un vitrail du XVIIᵉ siècle, placés » tous deux dans la cathédrale de Troyes. »

dernier, au moment où il demandait que la commission nommée pour examiner les peintures sur
verre de M. Vincent-Larcher, fût chargée de vi-
siter aussi son atelier, il n'avait encore produit que
quelques essais informes. A cette époque, je reçus
sa visite en ma qualité de président de la commission,
et il me montra quelques morceaux de verre peints
en grisaille rousse. Il disait qu'il pensait être sur la
voie du procédé ancien ; qu'il avait encore quelques
recherches à faire ; mais qu'avant peu il espérait
pouvoir, comme il l'annonçait dans sa lettre à M. le
président de la société, exécuter un panneau d'après
une mosaïque ancienne. Je l'engageai à continuer
ses essais, en lui faisant connaître que probablement
la commission ne se réunirait pas avant la rentrée,
et qu'ainsi il aurait le temps de se mettre en mesure
de lui soumettre un travail digne de son attention.
A mon retour au mois de novembre, M. Martin
avait en effet exécuté un petit panneau en verres
colorés. Dans ce panneau, il faisait remarquer l'apparence émaillée du verre à l'extérieur, le fait qu'il
était plutôt translucide que transparent, et la manière dont étaient parfondues les nuances jaunes :
tous caractères qui dans sa pensée assimilaient com-
plétement ses verres peints à des verres du XIIIe
siècle, provenant d'un vitrail de Saint-Urbain, qui
lui avait été confié. Ce panneau était du reste fort
défectueux, et M. Martin en a lui-même fait justice,
en ne vous le représentant pas. Vers cette époque il
lui fut prêté un carton de M. de Gérante, dont il
entreprit de copier une partie, représentant une
Vierge et quatre anges. Ce vitrail, bien supérieur à tout ce que M. Martin avait fait jusque là,
résume ses progrès et ses procédés de peinture
jusqu'à ce jour. Pour avoir l'ensemble de ce qu'il a

produit, il faut y joindre une copie en grisaille rousse, du portrait d'un ancien évêque de Troyes ; une copie de la tête du chanoine de Léonard Gontier, dont nous avons déjà parlé précédemment, et divers échantillons de verres colorés, préparés suivant ses procédés. M. Martin n'a pas encore essayé de faire des restaurations.

La tête de l'évêque et celle du chanoine, ne sont présentées par M. Martin que comme une preuve qu'il saurait au besoin manier assez habilement le pinceau, pour restaurer des vitres du xvie siècle. Nous signalerons plus loin les inconvénients du mode qui a été employé pour les peindre. — C'est surtout sur le vitrail de la Vierge et sur les échantillons qui y sont joints, qu'a dû se porter l'attention de la commission. M. Martin a réduit en effet la question en ce qui le concerne à des termes fort simples. Quant à la gamme des couleurs, il pourrait la composer, dit-il, mais ce serait se donner une peine inutile, puisqu'elle se vend toute préparée dans le commerce (1) ; quant à l'exécution, s'il arrivait qu'il ne pût pas exécuter par lui-même, il se procurerait facilement un dessinateur habile : ce qui importe avant tout suivant lui, c'est l'excellence du procédé, et son procédé ne serait rien moins que le procédé du xiiie siècle. C'est donc de ce procédé et des effets qu'il produit que nous allons principalement vous entretenir.

Voici ce qui a été écrit et publié dans un recueil périodique sur le vitrail de M. Martin-Hermanowska. Nous transcrivons cette opinion, parce qu'elle ré-

---

(1) M. Martin vient de me remettre des échantillons de grisaille rousse et blanche, de bleu et de couleur carnation, composés par lui. Il achète les autres nuances.

sume les points sur lesquels ont dû se porter les
vérifications de la commission. « Ce tout petit vi-
» trail, dit-on, présente à s'y tromper toute l'appa-
» rence et toutes les précieuses qualités des mosaï-
» ques transparentes de nos vieilles basiliques
» romanes-bysantines (x[e] et xiiie siècles). Comme
» les vitraux de cette époque, il se fait plutôt remar-
» quer par la vigueur et la bonne qualité des teintes
» et demi-teintes, que par le fini et la correction du
» dessin. Comme eux aussi, il se compose de tous
» petits fragments de verre très-durs, très-foncés et
» solidement liés entre eux par une infinité de filets
» de plomb, qui nuisent peut-être à la transparence
» de la mosaïque. Toutes les couleurs sont moelleuses,
» douces, veloutées : elles font étoffe ; elles attirent
» le regard sans le fatiguer jamais. Elles sont par-
» fondues dans le verre, qui présente des deux côtés
» une surface unie et lisse, qui a l'apparence de la
» corne fondue. — Exposé à tous les rayons d'un
» soleil de midi, le petit vitrail de M. Martin-Her-
» manowska reste translucide sans transparence. Il
» tamise la lumière sans jamais la colorer ni la re-
» fléter sur les murs. Enfin, même avec le soleil, il
» ne laisse jamais pénétrer que ce demi-jour sombre
» et mystérieux qui porte à la méditation et au re-
» cueillement, élève l'âme jusqu'à la prière, et con-
» vient seul à nos églises chrétiennes. »

Tout ce qui est dit dans cet article de l'apparence
matérielle du vitrail, de l'incorrection du dessin, de
la division par les plombs, de la manière dont les
couleurs sont parfondues dans le verre, et de la
surface unie et lisse que présente chaque fragment
coloré, est justifié par l'examen. Mais il nous a été
impossible d'accepter d'une manière *absolue* que les
couleurs ne fatiguent jamais le regard, que le vitrail

tamise la lumière du soleil sans jamais la colorer ni la refléter sur les murs; qu'enfin il ne laisse pénétrer qu'un demi-jour sombre et mystérieux.

Placé à l'une des fenêtres de la salle de vos séances, ce vitrail, ainsi que chacun de vous a pu le constater, reflète une lumière blanche si vive, que bien qu'il fût à l'ombre quelques personnes ont cru qu'il était éclairé par le soleil. Il en résulte que l'effet général, quoiqu'assez agréable, fatigue la vue. Ce ne sont pas là les tons doux, reposés, veloutés du XIIIe siècle.

Exposé au soleil au même instant que les vitraux de M. Vincent-Larcher, et dans les mêmes conditions, il donne, à une distance de trois mètres, une ombre vivement colorée, dans laquelle on distingue notamment les verts et les bleus. Les bleus sont encore sensibles à six mètres. Il faudrait s'éloigner à une plus grande distance pour obtenir une ombre complètement obscure (1).

Posé dans l'église Saint-Urbain, à la même hauteur et dans les mêmes conditions que ceux de M. Vin-

---

(1) Cette expérience a été renouvelée plusieurs fois, en présence de diverses personnes, sans donner des différences notables. On peut expliquer le résultat contraire obtenu par l'observateur cité plus haut, par les circonstances dans lesquelles a été fait son examen. Le vitrail de M. Martin était placé à l'une des fenêtres de la salle du synode, à l'évêché. Cette salle en cet instant était inondée d'une vive lumière par le soleil. Le reflet de cette lumière, frappant le vitrail par devant à l'intérieur, a dû singulièrement atténuer l'effet de la transmission de la lumière extérieure. Nous avons décrit précédemment un phénomène analogue, en parlant des vitraux de la nef de la cathédrale de Troyes. Il y a telle condition dans laquelle le vitrail le plus transparent, exposé au soleil, paraît presque opaque. C'est ce qui a lieu notamment en plein air.

cent, il perd la plupart des qualités que l'on peut encore lui accorder lorsqu'il est observé à peu de distance. Vues à une grande élévation, au lieu de devenir plus foncées, ainsi que l'avait avancé M. Martin, les teintes pâlissent et prennent un ton presque criard qui ne pouvait supporter la comparaison, non-seulement avec les vitraux de M. Vincent qui se trouvaient à côté, mais même avec les vitraux du chœur de Saint-Urbain, qui sont d'un ton plus vif.

Unanimes pour reconnaître les défauts du vitrail de M. Martin, les membres de la commission ne se sont pas trouvés d'accord sur un point important. L'un d'eux a émis l'opinion que l'infériorité bien marquée des vitres peintes de M. Martin ne devait pas être attribuée à son procédé, mais au peu d'habileté avec laquelle il l'a mis en œuvre jusqu'à présent; les autres ont pensé au contraire que c'était au procédé lui-même que devaient directement s'adresser les reproches. Voici en quoi consiste ce procédé : Avant de peindre ou plutôt de tracer les traits du dessin avec la couleur noire ou rousse, M. Martin enduit le côté des verres blancs ou colorés sur lesquels doit être placée la peinture, d'une couverte blanche, et le côté extérieur, d'un émail qui, au feu, devient brillant et transparent comme le verre lui-même.—Un premier désavantage de ce mode d'opérer est d'obliger à faire passer une fois de plus les verres au fourneau, ce qui augmente la dépense. Puis il en résulte que les verres étant devenus presque opaques, il est impossible, comme dans tous les procédés connus, de se servir du calque pour reproduire fidèlement le carton que l'on veut copier. Il faut avoir recours au décalque, qui est d'une exécution moins facile et donne des résultats moins corrects.

Ces inconvénients toutefois, hâtons-nous de le dire, seraient légers s'il ne s'y joignait pas, ainsi qu'il est facile de le démontrer, l'inconvénient beaucoup plus grave d'atténuer et de détruire en partie l'effet de la coloration. — M. Martin attribue à son émail la propriété d'empêcher la transparence. Par l'échantillon que vous avez sous les yeux, vous pouvez reconnaître qu'étant lui-même d'une transparence parfaite, cet émail ne peut nullement atténuer celle du verre ; d'un autre côté, il ne peut rien ajouter à l'éclat des couleurs. Il est donc complètement inutile. L'existence de cet émail a même été sérieusement révoquée en doute par plusieurs des membres de la commission, qui savent par expérience que certains modes de cuisson peuvent donner au verre l'éclat et l'apparence d'un émail. — Si les verres de M. Martin sont moins transparents que les verres modernes, ils le doivent uniquement à la couverte blanche qu'il place sur la surface qui doit recevoir la peinture. Mais ici se manifeste le résultat que nous avons signalé au commencement de ce rapport, en vous parlant de l'emploi des couvertes d'une couleur uniforme. La couverte de M. Martin étant blanche, il en résulte qu'il mêle à son insu du blanc à toutes ses teintes. De là, les reflets de lumière blanche qui fatiguent la vue ; de là, le ton criard et surtout la décoloration singulière des nuances à distance. Ce dernier effet est principalement remarquable dans la copie de la tête du chanoine de Léonard Gontier. D'abord M. Martin l'avait peinte sur une feuille de verre enduite par derrière d'une couche de sa couverte. Avant de passer au feu, elle paraissait être au ton de l'original ; mais après la cuisson, elle était devenue si pâle, que M. Martin, ne sachant à quoi attribuer cet effet, supposa que la couleur avait été brûlée. Pour réparer cet accident, il rechargea par derrière les tons à la manière du xvie siècle. Maintenant à la main et à petite distance, elle se soutient bien et paraît même être d'un ton plus foncé que l'original. Mais lorsqu'à Saint-Urbain nous l'avons placée à distance, elle s'est complètement décolorée ; le blanc de la couverte annihilait évidemment les tons les plus foncés. Il est impossible d'imaginer le contraste qu'elle produisait avec la copie si chaudement colorée et si vivante de M. Vincent.

De tous ces faits il est résulté, pour la majorité de votre commission, que M. Martin s'est flatté trop tôt d'avoir réalisé une grande découverte, et qu'il est loin encore du but qu'il croyait avoir atteint. Toutefois, elle s'est plue à reconnaître que dans ses essais, qui remontent à six mois à peine, M. Martin a fait preuve de sagacité et d'intelligence. Les progrès qu'il a faits de jour en jour, et pour ainsi dire sous les yeux de la commission, sont sensibles. C'est *un mérite d'avoir attaqué franchement le problème de la translucidité sans transparence.* Quoiqu'encore imparfait, le vitrail de M. Martin a, sous ce rapport, une supériorité marquée sur certains vitraux modernes. Nous pensons qu'il ne s'arrêtera pas au point où il est arrivé ; mais c'est pour nous une conviction acquise, qu'il n'y a pour lui de progrès possibles qu'en modifiant ses procédés et en les complétant.

Amenée, par les assertions contradictoires de M. Vincent et de M. Martin, à examiner les caractères matériels des vitraux du xiiie siècle, votre commission s'est livrée à des recherches dont je dois vous exposer les résultats avant de terminer ce rapport.

Il existe à Troyes des vitraux du xiiie siècle, à

Saint-Urbain et à la cathédrale. A Saint-Urbain ils consistent principalement en grisailles avec listons de couleur, encadrant des sujets colorés. Les verres des grisailles ont beaucoup d'analogie avec ceux de M. Martin, et cela devait être, car les grisailles s'exécutaient par un procédé exactement semblable au sien. L'intérieur était peint d'une couverte blanchâtre, sur laquelle se traçaient les *lacis* ou *entrelas*, sorte d'arabesque légère, et on laissait au feu le soin d'émailler l'extérieur. Mais les verres colorés ne présentent pas les mêmes caractères. A l'extérieur ils n'ont pas la même apparence émaillée, et ils ne paraissent pas avoir été enduits d'une couverte à la surface intérieure. Il semblerait plutôt, à voir certains fragments, que s'il existait une couverte elle était à l'extérieur. Ils en conservent quelques restes et des traces de grattage qui indiqueraient que cette couverte a été détruite par des vitriers qui, en nettoyant le vitrail, l'ont prise pour une crasse amassée par le temps (1). C'est peut-être au soin qu'ils ont

---

(1) Les ouvriers qui sont habituellement chargés de nétoyer les vitraux, se servent de sable fin et ne se font aucun scrupule de les gratter avec des corps durs. C'est ainsi qu'ont été endommagés d'une manière grave les vitraux de l'église Saint-Jean. Le fait que les vitraux de Saint-Urbain auraient été grattés extérieurement, m'a été affirmé par M. Martin lui-même, qui ajoutait que l'on avait eu beaucoup de peine à faire disparaître ce qu'il appelait la crasse *recuite* par le temps. Il eût été assez étrange que cette crasse ne s'attachât qu'aux verres peints, et respectât les grisailles.

De ceci et de ce qui va suivre, il résulte que ce que les vitraux anciens ont le plus à redouter, est un nétoyage inintelligent. Il ne faut jamais permettre à l'ouvrier qui en est chargé, que l'emploi de l'éponge et de l'eau. Il y a même certains vitraux du XVIᵉ siècle qu'il faudrait à peine épousseter, et qui s'effacent au plus léger frottement.

mis à la faire disparaître qu'il faut attribuer l'extrême translucidité actuelle des curieux panneaux peints du chœur, qui au soleil projettent leur ombre colorée jusque sur les vitraux qui sont en face.

L'examen attentif des vitraux de tout le pourtour du chœur de la cathédrale, qui sont d'une époque un peu antérieure à ceux de Saint-Urbain, nous ont confirmé dans cette opinion. Là, l'existence d'une couverte extérieure est incontestable. Tous les fragments de verre sont enduits d'une couche dont la couleur varie du blanc au gris foncé et au brun rougeâtre. Cette couche est fortement adhérente au verre; pour l'enlever, il faut le tranchant d'un grattoir d'acier. Dans quelques endroits cependant, où le temps l'a décomposée, elle se détache sous le frottement du doigt. A la seule inspection, il est impossible de méconnaître que c'est là une substance appliquée par la main de l'ouvrier. Ses caractères apparents, pouvant toutefois être attribués soit à une décomposition du verre par l'action de l'air et du temps, soit à une couche de poussière accumulée et durcie par les mêmes agents, nous avons dû vérifier si l'une ou l'autre de ces hypothèses était admissible.

Tous les chimistes sont d'accord sur la nature de la décomposition que l'air, ou plutôt l'humidité qu'il contient, fait subir au verre. La vapeur aqueuse condensée par les variations de la température atmosphérique sur la surface du verre, dissout peu à peu les silicates de soude ou de potasse, qui sont une de ses parties constituantes. L'effet de cette dissolution se manifeste d'abord par cette apparence irisée que le peuple attribue à l'influence de la lune; puis à mesure qu'elle augmente le verre se ternit, se dépolit et finit par devenir entièrement opaque. Cette décomposition est plus ou moins prompte, suivant que le verre contient plus ou moins de sels alcalins en excès. Pierre Le Vieil (1) décrit ainsi les effets de l'action du temps sur le verre : « Il se ternit, se » taye, se dépolit et se perce comme de petits trous » de vers. Il se couvre d'une crasse blanche très- » inhérente et âpre au goût, qui le rend opaque de » transparent qu'il était, et en décompose tellement » la substance, que ce verre, ainsi dépouillé de ses » sels, n'est plus au fond qu'un amas de grains de » sable cohérents. » Le caractère distinctif de l'ac- tion de l'air est donc de *ternir sans remède* le verre. Pour lui rendre son brillant, il faudrait, dit Girardin dans ses Leçons de Chimie pratique (2), *qu'il fût poli de nouveau*. Or, nous avons vérifié que partout où existe la couverte, le verre a conservé sous la couche qu'il forme, le brillant et le poli qu'il avait en sor- tant des mains de l'ouvrier. Il n'est pas même irisé. L'action du temps au contraire est sensible sur les fragments qui, par une cause quelconque, ont perdu leur couverte dans un temps éloigné ; la plupart sont irisés ou complètement décomposés, avec les caractères indiqués par Pierre Le Vieil. Si sur un même fragment la couverte a été en partie dé- truite et en partie conservée, dans la partie où elle est détruite, le verre est vivement attaqué ; dans la partie où elle est conservée, il est intact. Ainsi, non-seulement la couverte a contribué à faire obte- nir au peintre-verrier l'effet qu'il cherchait, mais il a assuré la durée de ses œuvres pendant des siècles. Les grisailles de Saint-Urbain, qui n'ont pas de cou-

____

(1) Page 135.

(2) Page 307, 2ᵉ édition.

verte à l'extérieur, sont beaucoup plus maltraitées
par le temps que les vitres de Saint-Pierre, qui sont
plus anciennes.

La question de savoir si cette couverte ne serait
pas simplement de la poussière, était facile à tran-
cher par une analyse chimique. Cette analyse a été
faite par notre collègue M. Bardin, membre de la
commission. Elle a été aussi concluante que l'on
pouvait le désirer. Il a constaté que c'était une
substance vitrifiée, difficile à décomposer, même
par le carbonate de soude, et contenant du plomb
en notable proportion. C'étaient bien là les caractères que l'on pouvait attendre de l'analyse d'une
couverte dont la base principale devait être, pour
me servir du langage des verriers, un *verre de plomb*
(1). M. Bardin a même retrouvé un peu de chaux
libre, provenant de la chaux qui a dû être employée
dans la cuisson, pour séparer les couches de verre
coloré, et qui, au moment de la vitrification, est
devenue adhérente à la couverte.

L'existence d'une couverte vitrifiée à l'extérieur
des vitres peintes du xiiiᵉ siècle, est donc pleine-

------

(1) Voici le résultat exact de l'analyse, tel qu'il nous a été
donné par écrit par M. Bardin :

« A l'aide d'un grattoir d'acier, on a pu détacher avec infi-
» niment de peine, de la partie extérieure de certains vitraux
» du xiiiᵉ siècle, à la cathédrale, environ un gramme d'une
» poudre d'un gris noirâtre. Les divers acides que j'ai fait
» réagir sur cette poudre très-fine, n'ont pu qu'en séparer le
» fer provenant de l'usure de l'instrument employé, et dis-
» soudre une petite quantité d'un sel calcaire non combiné.

» Deux autres portions de cette même poudre ont été trai-
» tées, au feu de chalumeau, l'une par le carbonate de soude
» seul, l'autre par le même sel uni au charbon.

» La première a donné une masse qui s'est dissoute entièrement démontrée. L'examen des vitraux de la chapelle de l'évêque Hervée et des chapelles latérales, nous ont prouvé qu'elle n'était pas employée sans discernement et comme au hasard ; ainsi dans la plupart de ces vitraux, elle n'existe pas sur les verres bleus des fonds. Cette circonstance tient sans doute à ce que le peintre a voulu laisser pénétrer plus de lumière (1). Si l'on admet cette supposition, il devait choisir, pour la laisser transparente, la nuance dont les reflets sont le plus harmonieux et fatiguent le moins le regard.

Le fait ainsi constaté n'est pas sans importance pour l'art du peintre-verrier. Nous croyons qu'il n'a pas encore été observé jusqu'à ce jour ; au moins nous n'avons trouvé cette observation consignée

---

» ment dans l'eau distillée, additionnée d'acide acétique ; l'io-
» dure de potassium a formé dans la solution un précipité
» jaune d'iodure de plomb.

» Pendant la seconde opération, au premier feu de chalu-
» meau, de petits globules métalliques sont apparus dans la
» masse, et la lame de platine sur laquelle se faisait l'opéra-
» tion, a été percée. L'un de ces globules isolé s'étendait faci-
» lement sous la lame d'un canif ; traité par l'acide azotique,
» puis par l'iodure de potassium, il a fourni tous les carac-
» tères du plomb. — Ce dernier métal existait donc bien
» évidemment et en quantité notable dans la couverte dont
» l'analyse m'a été confiée. »

(1) C'est à la nécessité de laisser pénétrer plus de lumière, que M. de Lasteyrie attribue l'invention des grisailles au xiiie siècle. Ici l'on peut supposer aussi que le peintre a craint que l'emploi de la couverte ne fît paraître trop foncés des verres bleus qui devaient être vus à peu de distance, et qui recevaient moins de lumière que ceux qui sont placés à une plus grande élévation. Je dois ajouter que la transparence de ces fonds bleus n'est pas parfaite ; elle a été altérée, sans

nulle part (1). C'est à M. Vincent-Larcher que nous en devons le premier indice, et vous savez quel parti il en a tiré.

On pourrait s'étonner que cette tradition se soit perdue, s'il n'était pas facile d'en préciser les causes. Au commencement, la peinture sur verre prit pour modèle la peinture en mosaïque, à laquelle il paraît certain qu'elle doit son origine. Plus tard, on imagina d'en faire un moyen « de dé-
» truire l'ignorance des fidèles, dans un temps où
» le peuple ne savait pas lire, en étendant et per-
» pétuant par ses tableaux la mémoire des faits les
» plus remarquables, que l'on voulait proposer à
» leur culte et à leur vénération (2). » A ces deux époques le peintre sur verre, dont le seul but devait être d'attirer et de frapper le regard, se préoccupa avant tout de réunir toutes les conditions qui pouvaient assurer à ses vitraux la beauté et l'éclat des couleurs, et les mettre en harmonie avec le sentiment religieux. C'est alors que fut inventée la couverte qui satisfaisait à cette double exigence de l'art. Mais lorsque, par l'invention de l'imprimerie, l'ignorance et la barbarie eurent été dissipées, et que, suivant le langage naïf du temps, cette in-

doute à dessein, par un mode particulier de cuisson, ainsi que nous l'a prouvé une expérience très-heureuse de M. Vincent.

(1) Il résulte des renseignements qui nous sont donnés, que l'existence de cette couverte a été indiquée il y a déjà quelques années, par M. Bouché, l'habile architecte, notre collègue, membre de la commission ; mais dans un mémoire qui n'a reçu aucune publicité et a dû rester enfoui dans les cartons de la Préfecture.

(2) Voir sur tous ces faits Pierre Le Vieil, pages 17, 20, 63, 81 et 82.

vention eut commencé à « endommager les pein-
» tres et les pourtrayeurs, » les vitraux ne furent
plus qu'un ornement dont le prix du point de vue
de l'art était dédaigné, et l'on commença à se
plaindre qu'ils ne laissaient pas arriver assez de
jour. « Plus instruits que nos pères, disait-on,
» nous savons lire et nous avons des livres d'é-
» glise; comment nous en servir pour nous en-
» tretenir dans l'attention due aux saints mystères
» et aux saints offices, dans des temples obscurcis
» par tant de vitres peintes! » On en vint jusqu'à
détruire les verrières, à les mutiler, pour donner
passage à la lumière.

C'est au moment et dans le cours de cette
réaction que l'art de la peinture sur verre subit
une révolution complète. Obéissant à l'influence
des progrès de la peinture à l'huile, vers le xvie
siècle, on prit en dédain la peinture mosaïque,
« qui frappait plus les yeux du corps que ceux
» de l'âme, » et à l'aide des émaux inventés par
Jean de Bruges, dès le xive siècle, on essaya de rivaliser avec les tableaux sur toile, par la science du
dessin, par l'entente de tous les secrets de la pers-
pective, du clair obscur et de la couleur. Tous les
anciens procédés furent modifiés; si l'on s'occupa
de la translucidité et de la transparence du verre,
ce fut uniquement pour les faire concourir à certains
effets déterminés. On tenait peu de compte de la
quantité de lumière jetée dans les temples, ou plutôt
si l'on en tenait compte, ce devait être en se conform-
mant à l'esprit du temps, pour donner le plus
d'accès possible à la lumière directe. On comprend
donc facilement comment le procédé de la couverte
des vitraux du xiiie siècle, devenu inutile, a pu
s'oublier.

Cette couverte du xiiie siècle était-elle colorée de teintes variées suivant l'effet que le peintre voulait obtenir, comme l'a pensé M. Vincent? Il y a tout lieu de le présumer, si l'on en juge par l'éclat et la puissance qu'elle donne à la coloration. On peut le conclure aussi de ce qu'elle n'est pas d'une nuance uniforme, ainsi que nous l'avons fait remarquer plus haut. Toutefois, il est impossible de le prouver d'une manière directe. Pour le rechercher par l'analyse chimique, il eût fallu endommager d'une manière trop grave des vitraux précieux. — Une objection pourrait être faite, c'est que l'invention des émaux colorés est attribuée à Jean de Bruges, qui vivait vers la fin du xive siècle. Mais dans un temps bien antérieur à Jean de Bruges, on connaissait déjà des couleurs vitrifiables. Il paraît moins les avoir inventées que les avoir perfectionnées, en trouvant le secret de les rendre *transparentes* et lisses comme le verre; ce que jusque là on n'avait pu obtenir que pour l'émail rouge (1). La couverte destinée à *atténuer la transparence,* n'est pas l'émail tel que l'a inventé Jean de Bruges : c'est un flux ou fondant non transparent, mais seulement translucide, que les anciens peintres savaient colorer pour obtenir la grisaille rousse et grise, les teintes de carnation, et sans doute la plupart des nuances pour lesquelles le secret se réduisait à y mêler les substances bien connues d'eux, qui servaient à colorer le verre en tables.

Au reste, cette question n'a ici qu'un intérêt de curiosité. Il est certain, ainsi que nous l'avons démontré, que les peintres-verriers du xiiie siècle se servaient d'une couverte. Votre commission a cons-

---

(1) Pierre Le Vieil, page 30.

taté que la couverte employée par M. Vincent reproduit d'une manière exacte et remarquable les effets
qui font le mérite des vitraux de cette époque. Elle
n'a rien à affirmer au-delà.

La ville de Troyes a été fameuse autrefois
par ses peintres sur verre. « Il n'est peut-être
» pas, dit Pierre Le Vieil, de canton en France qui
» renferme des vitres peintes aussi précieuses et en
» aussi grand nombre que la ville de Troyes en
» Champagne et ses environs. » Et il cite les noms
de Jean et Léonard Gontier, Linard, Madrain,
Cochin, François, peintres habitant la ville de
Troyes, à qui ces vitres sont dues en partie, et
dont la renommée s'était étendue au loin. Au moment où renaît la peinture sur verre, nous devions
voir se produire au milieu de nous des artistes verriers. M. Vincent-Larcher a donné le signal. Son
exemple, qui a entraîné M. Martin-Hermanowska,
sera plus tard suivi par d'autres. Ils s'élèveront,
nous l'espérons, jusqu'à la hauteur de nos anciens
maîtres. Nous devons nous en réjouir, Messieurs,
non-seulement parce qu'ainsi sera conservée une des
gloires de notre vieille ville, mais surtout parce
que maintenant est assurée la conservation et la restauration de toutes les belles verrières qui sont une
des richesses artistiques de notre pays. Il faut le dire,
l'existence de ces verrières était gravement compro-
mise. Il y en a bien peu qui soient restées intactes,
un grand nombre ont été complètement détruites
et leurs débris dispersés. L'époque à laquelle ont
été commis ces actes de vandalisme n'est pas encore
bien éloignée. Au moins, que ce qui subsiste encore
soit sauvé de la destruction.

Nous appelons de tous nos vœux des restaurations
complètes, intelligentes, dans lesquelles l'artiste n'ait

d'autre pensée que de reproduire ce que le temps a emporté. Nous les appelons dans l'intérêt de l'art, de l'archéologie et de la science historique. Les vitraux peints ne sont pas remarquables seulement comme monuments curieux de peinture. « L'histoi-
» re, est-il dit dans le rapport de l'Académie Royale
» des Sciences sur l'ouvrage de Pierre Le Vieil en
» 1772 (1), l'histoire peut en tirer des secours réels,
» en fixant les dates de plusieurs événements im-
» portants représentés par ces tableaux; en consta-
» tant des titres précieux et essentiels à des familles,
» à des églises, à des villes; en rappelant les habil-
» lements, les usages, le costume des anciens temps,
» et en conservant les portraits d'un grand nombre
» de personnes illustres et célèbres. » Pierre Le Vieil en cite de curieux exemples, auxquels on pourrait en ajouter un grand nombre. Il y a une multitude de légendes et de traditions populaires curieuses et intéressantes pour l'histoire de l'esprit humain, dont le souvenir n'a été conservé que par les vitraux peints. Ce sont de magnifiques, mais fragiles annales sur lesquelles chaque siècle a laissé en passant son empreinte vivante et animée, et que l'on doit conserver intactes avec un soin religieux.

Lorsque nous n'avions pas à Troyes de peintres-verriers, il était à peu près impossible de restaurer nos belles verrières. Les grands peintres-verriers modernes, dont nous avons cité les noms au commencement de ce rapport, trop occupés de grands travaux, dédaignent les travaux partiels et les restaurations, ou ils les font payer à des prix trop élevés. Quelques essais ont été malheureux. Trop souvent, lorsque des restaurations ont été confiées à des

---

(1) Page 12.

peintres sur verre demeurant à de grandes distances, elles ont été imparfaites, soit parce que les procédés qu'ils ont employés n'avaient pas toute la perfection que l'on peut exiger aujourd'hui, soit parce que les artistes à qui elles sont dues, ont négligé de venir sur les lieux pour mettre leur travail en harmonie avec l'ensemble des vitres anciennes. Espérons que maintenant, que tous les travaux pourront être exécutés sur place, avec promptitude et économie, et sous la surveillance des fabriques, ils seront plus fréquents. C'est un devoir pour notre ville de suivre l'élan qui est donné en ce moment de tous côtés à la peinture sur verre. Il serait honteux de nous montrer moins bons appréciateurs des vitraux de nos églises, que les étrangers qui viennent les admirer, et de les laisser périr par une coupable insouciance, ou par une économie mal entendue. Le succès remarquable de M. Vincent-Larcher, dans ses travaux de Saint-Pantaléon et de Puëlmontier, est une garantie qui doit inspirer de la confiance, et enlève toute excuse pour l'avenir.

Dans ces circonstances, Messieurs, la majorité (1) de votre commission croit devoir vous soumettre les propositions suivantes. Elle est d'avis :

1° De décerner à M. Vincent-Larcher une médaille d'or, à titre de récompense, pour avoir le premier, de nos jours, pratiqué, à Troyes, l'art de la peinture sur verre; et à titre d'encouragement pour les travaux remarquables qu'il a déjà exécutés;

2° D'adresser à M. Martin-Hermanowska, une

---

(1) Un des membres de la commission était d'avis qu'une lettre motivée remplirait, aussi bien qu'une médaille, le but que la commission voulait atteindre.

lettre, pour le féliciter de l'intelligence que l'on remarque dans ses premiers essais, et l'inviter à les continuer, en lui exprimant la conviction que les modifications que l'expérience ne peut manquer de lui suggérer d'apporter à ses procédés, lui assureront le succès pour l'avenir (1).

(1) Ces conclusions ont été adoptées, et il a été décidé que la médaille d'or serait remise à M. Vincent dans la première séance publique. Avant la lecture du rapport, les membres de la société s'étaient transportés en corps à l'église Saint-Urbain, pour voir renouveler l'expérience faite sur les vitraux élevés à une grande hauteur.

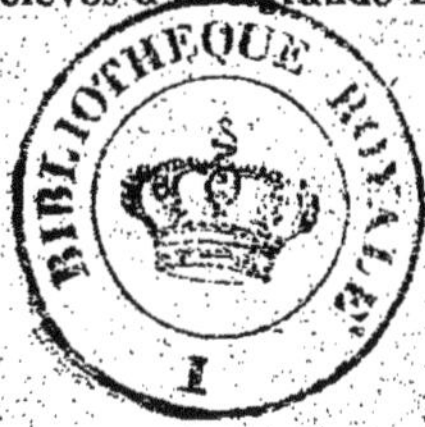

FIN.

ERRATUM.

Page 8, 35e ligne, au lieu de quinze à seize cents, *lisez* cinq à six cents.

TROYES, IMP. BOUQUOT.